コーポレートファイナンスと企業価値向上戦略

イーエスマネジメントクラブ　ブック3

(監修)株式会社イーエスリサーチ
(担当講師)株式会社エスネットワークス

コンサルタント
菅沼 俊介

三恵社

はじめに

本書は、弊社イーエスリサーチが主宰する研修会「イーエスマネジメントクラブ」(以下「ＥＳＭ」といいます)での講義をそのまま本にしたものです。

　ＥＳＭでは、エスネットワークスグループのコンサルタントが講師になり、講義参加者の仕事にすぐに役立つよう、実務に沿った内容を話しています。

　本書では、ＥＳＭの講義を忠実に再現することにより、あたかも講義に出ているような感覚で、読者の皆さんに勉強していただくことを目的としています。また、講義に出席された方には復習用の教材としてご活用いただけるように工夫しています。

株式会社イーエスリサーチ

代表取締役　公認会計士・税理士　髙桑　昌也

目　次

はじめに・・・・・・・・・・・・・・・・・3

第1章　序章・・・・・・・・・・・・・・・7

第2章　企業価値、コーポレートファイナンスとは・・17

第3章　資本コストとは・・・・・・・・・・35

第4章　企業価値向上戦略とは・・・・・・・45

第5章　財務戦略とは・・・・・・・・・・・51

巻末資料①（テキスト）・・・・・・・・・・57

巻末資料②（投資プロジェクトの評価）・・・・・・・77

第1章 序章

皆さん、こんにちは。本日のＥＳＭ講義「コーポレートファイナンスと企業価値向上戦略」の講師を担当させていただきます菅沼と申します。宜しくお願い致します。

　私は当社エスネットワークスの経営支援第2事業部で事業再生の仕事に従事しております。本日の講義「コーポレートファイナンスと企業価値向上戦略」につきましても、事業再生の現場と絡めた説明ができればと思っております。

　講義に移らせていただく前に、まずお手元の資料を確認していただきたいのですが、縦型の『コーポレートファイナンスと企業価値向上戦略』と題したテキストが1つと、『投資プロジェクトの評価』と題した補足資料が2つの、計3つの資料を用意しております。本日の講義ではテキストをメインとし、時間のある限りその他の補足資料を使って、具体的事例を交えて説明していきたいと思います。

〈コーポレートファイナンスとは〉

　では早速講義に移らせていただきます。最初に本日の講

義の全体像を説明してから具体的な内容に移っていきたいと思います。

　まずコーポレートファイナンスから説明いたします。一般的に財務活動と訳されますが、その中で必要不可欠な論点として企業価値というものが絡んできますので、ここで企業価値について定義いたします。企業価値とは「企業が将来どれだけのキャッシュ・フロー（もうけ）を生み出すかによって決まる」とさせていただきます。まだあまりイメージがつかめないと思いますので、具体的に説明させていただきます。

　貸借対照表を想像してください。財務諸表の１つで企業の財政状態を表すものですが、左側の借方に資産、右側の貸方に負債・純資産が入ります。これは企業価値の説明になりますが、まず借方の資産項目を考えていただきますと、企業が生み出す価値、いわゆるキャッシュ・フローというのは、企業が資産を活用することによって生み出されます。

　一方、貸方の負債・純資産項目を考えていただきますと、

負債であれば借入金などが入り、純資産であれば株主から提供される資本などが入ります。負債と純資産につきましては資金の提供を受けていますので、資金提供者に対してそれらの対価、しかるべきコストが発生いたします。これは一般的に資金調達コストと呼ばれます。またこれは社内から流出していくお金です。

　ここまで説明いたしました資産側から生まれるキャッシュ・フローを①とし、逆に会社から出ていくコストを②とさせていただきますと、①（会社が生み出すお金）－②（社外に流出するお金）がプラスであれば企業価値もプラスとなります。もうけを生み出して、対価を支払っても余りの出る価値ですので、企業価値は創出されたと言えます。

　逆に企業が生み出すキャッシュ・フローに対して、資金提供者に支払うべきコストが上回ってしまう、いわゆる①－②の結果がマイナスの場合は、企業価値がマイナスになると言えます。

　冒頭で申し上げましたように、私は事業再生の現場をよ

く見ているのですが、再生企業様は特にこれがマイナスですね。収益性の低い事業に投資しすぎた結果、①と②のバランスが悪くなってしまって負債が膨らんでしまい、債務超過に陥って、銀行にお金を支払えなくなってしまうという事態が生じてしまいます。

元へ戻ります。コーポレートファイナンスとは、要するに①と②、会社に入ってくるお金と会社から出ていくお金のバランスを考えて資産を運用・投資、そして資金調達を行い、企業価値を最大化させることを目的としています。最大化とはより多くのプラスを生み出すことですね。

それではここまで説明させていただきましたコーポレートファイナンスというものを、本日の講義ではより掘り下げていきたいと思います。

〈企業価値向上戦略とは〉

続きまして、企業価値向上戦略について概要を説明したいと思います。本日の講義では企業価値向上戦略について

3つの戦略を説明させていただきます。

まず、1.「事業戦略」です。これは事業の収益性を向上させることによって企業価値を向上させる戦略です。

次に、2.「投資戦略」です。これは収益性の悪い事業から撤退し、より収益性の高いものに切り替えることによって企業価値を向上させる戦略です。

最後に、3.「財務戦略」です。これは資本コストと呼ばれる、資金調達にかかる費用を少なくすることで企業価値を向上させる戦略です。

口頭では分かりづらいところもあるかと思いますので、数値を使って説明を進めたいと思います。

次のような貸借対照表を想像してください。事業A、Bがあるという前提で、事業Aについては、500の投資に対して50のキャッシュ・フローを生み出す収益性10％の事業とします。事業Bについては、500の投資に対して10のキャッシュ・フローを生み出す収益性2％の事業とします。そうしますと投資の合計が1,000となり、生み出すキャッシ

ュ・フローの合計は60となります。キャッシュ・インフローですね。以上は先ほどの、①の資産側から生まれるキャッシュ・フローに当たります。

　逆に、貸方は借入が700、純資産・株主資本合わせて300で合計1,000とします。資金調達コストは合わせて5％としますと、毎期（1,000×5％）で50のコストが流出すると言えます。そこで、会社に入ってくるお金から出ていくお金を差し引きますと、企業価値を毎期10（60－50）創出する会社が想定できるかと思います。

　ここからは、先ほど申し上げました企業価値向上戦略の3つの戦略について詳しく説明していきます。

〈3つの戦略〉

　まず1番の「事業戦略」ですが、これは投資をしないで事業の収益性を上げることによって企業価値を向上させる戦略です。例示いたしますと、今、A事業は10％の収益率とします。それを頑張って12％に向上させたとしますと、

そこから生まれるキャッシュ・フローは、(500×12％)で60になります。そうしますと事業Bは変わらず継続していますので、合計のキャッシュ・インフローは(60＋10)で70になります。負債・純資産側は変わりませんので、キャッシュ・アウトフローは50のままです。そうしますと、事業戦略をとった場合(70－50)で20の価値を創出したことになります。事業戦略によって企業価値は10から20に増えたと言えます。

　続いて2番の「投資戦略」ですが、これは収益性の低い事業から撤退し、より収益性の高い事業に投資することで企業価値を向上させる戦略です。現在事業Aと事業Bのみ例として挙げていますが、新たに事業Cがあるとします。この事業Cについては投資額500で収益性8％の事業とします。事業Aが10％、事業Bが2％ですので、事業Bよりは収益率の高い事業になります。ここで事業Bは収益率が悪いので、この会社が事業Bから事業Cに事業展開をしたとしますと、持っている事業A、Cで活動することになりますので、そこから生まれるキャッシュ・インフローは、事業Aの50と事業Cの40(500×8％)を足し、90となり

ます。負債・純資産側は変わりませんので、キャッシュ・アウトフローは50のままです。そうしますと、投資戦略をとった場合（90－50）で40の価値を創出したことになります。投資戦略によって企業価値は10から40に増えたと言えます。

　最後に3番の「財務戦略」ですが、これはまず貸方の負債・純資産側を考えていただけますでしょうか。今、資金調達コストは5％ですが、これを仮に3％にできたとしますと、毎期の資金調達コストは30（1,000×3％）で済むことになります。そうしますと50の資金調達コストであったものが30になります。資産側は元々の数値から変わりませんので、（50＋10）で60になります。そうしますと、財務戦略をとった場合（60－30）で30の価値を創出したことになります。財務戦略によって企業価値は30に増えたと言えます。

　以上は簡単な戦略の説明なのですが、ここからはテキストおよび補足資料から具体的な説明ができればなと思っております。

それではテキストに移って参ります。お手元に『コーポレートファイナンスと企業価値向上戦略』と題したテキストをご用意ください。本書59ページを開いていただきますと、本日の講義内容の目次を掲載しております。

第2章 企業価値、コーポレートファイナンスとは

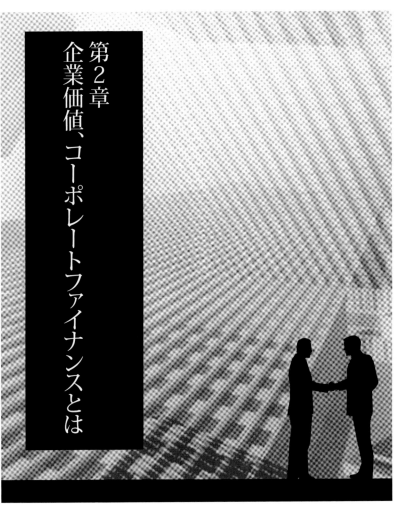

ページをめくっていただいて、60ページをご覧ください。ページの一番上の部分を読み上げます。「企業価値とは何でしょう？コーポレートファイナンスとは何でしょう？」とあります。ここでは企業価値って何？コーポレートファイナンスって何？という話なのですが、概要はここまで説明したとおりです。コーポレートファイナンスの目的とは、テキスト記載のとおり、「企業の資金の調達（資金提供者に支払うべきコスト、資金調達全般）と運用・投資（資金の運用と投資、貸借対照表の資産側）を合理的な基準で行い、企業価値を最大化すること」です。先ほどの①と②のバランスを考え、プラスの企業価値をより大きなプラスにしていこうということです。

〈企業価値とは？〉

　コーポレートファイナンスの目的に記載のありました「企業価値」というフレーズですけれども、この講義では企業が将来どれだけのキャッシュ・フローを生み出すかによって決まるとしていますが、他にも考え方があります。テキストのその下ですね。「そして企業価値とは何でしょ

う？ＢＳに注目しましょう」という部分です。さらにその下の枠囲いされた部分を読み上げます。「企業価値＝負債の価値＋株主資本の価値：貸借対照表の右側に着目」とあります。何かと言いますと、61ページ上部の貸借対照表をご覧ください。貸方には負債と純資産が入ります。60ページの枠囲いの部分では、定義として純資産ではなく株主資本となっておりますので、企業価値とは、貸借対照表の貸方に注目しますと「負債の価値＋株主資本の価値」となります。何かと言いますと、これは資金提供者から見た場合の企業価値を想定しています。

具体的に何かと言いますと、負債には、例を挙げるとするならば銀行からの借入が挙げられます。銀行にとってみれば債権である貸付金の額に当たります。株主資本というのは会社の株主が株を持っていますので、「株式×会社の発行済株式数」によって資本の価値が出ます。それを足し合わせたものが企業価値という考え方です。

60ページ中段２つ目の枠囲いを見ていただきますと、また新しく企業価値の定義が出ています。読み上げますと、

「企業価値＝事業価値＋非事業用資産の価値：貸借対照表の左側に着目」とあります。何かと言いますと、資産は事業用資産と非事業用資産に分けることができます。例えば事業用資産ならば、自動車の販売メーカーだとしますと、自動車を売ってその売り上げたお金を売掛金として会社が認識すると、それは事業用資産になります。他には工場にかかわる建物・機械などがあります。事業用資産とは本業にかかわる資産のことです。一方で非事業用資産というのは何かと言いますと、本業以外の金融投資や有価証券などが非事業用資産に当たります。この合計が企業価値です。

このように、企業価値というのは捉え方によって様々ですが、本日の講義では「会社の企業価値は将来どれだけキャッシュ・フローを生み出すかによって決まる」ということを念頭に置いて聞いていただければと思います。

61ページ中段にあります点線枠囲いの部分ですが、こちらは講義の最初に説明した内容の反復ですので、一読していただければと思います。何かと言いますと、会社のキャッシュ・インフローとキャッシュ・アウトフローを考慮し

たものが企業価値ですという話です。

〈企業価値向上戦略とは？〉

 以上が企業価値の説明でした。続きまして62ページをご覧いただけますでしょうか。こちらは企業価値向上戦略の内容になります。冒頭読み上げます。「では、企業価値はどうすれば向上するのでしょうか？着眼点は大きく２つ（事業面と調達面）、さらに事業面は事業戦略と投資戦略に分かれます」とありますが、さらにその下、読みながら見ていきます。

 １番の「事業戦略」ですが、「資本投下はせずに事業から将来得られる収益を増やす」ことを言います。
 続いて２番の「投資戦略」ですが、「資本コストを上回る収益を上げる事業に資本投下する」もしくは「資本コストを下回る収益しか上げない事業から資本を引きあげる」ことを言います。資本コスト（先ほど５％でしたね）である５％を上回る10％に資本投下をする、そして資本コストを下回る５％に対して２％の収益しか上げない事業から資本

を引きあげ、資本コストを上回る事業に資本投下する。このようなことが投資戦略として挙げられます。

　最後に3番の「財務戦略」ですが、こちらは「資本コストを引き下げる」ことを言い、調達側にかかっているコストを引き下げることによって企業価値を向上させることを言います。

　続きまして63ページをご覧ください。企業価値の説明をもう少ししたいと思います。今までの説明で大体企業価値についてはご理解いただけたという前提で説明をしていきたいと思いますが、「では、企業価値とは一体いくら？」ということになりますと、企業価値を測定する指標が必要になります。ここで64ページの上部を見ていただきますと、☆印がございます。こちらが63、64ページで一番言いたいところですので読み上げます。「企業価値最大化のため、現在地を確認し目標地点を設定するための測定指標が必要です」とあります。複数企業があり、その企業価値を比較したい場合、その指標がなければ比較することができません。

　では、どのように測るのかという説明をこれからしたい

と思います。

　☆印のすぐ下の行を見ていただきますと、また出てきました。「企業価値＝事業価値＋非事業用資産の価値」とあります。これについては63ページに戻っていただき、2つの貸借対照表を使って説明していきたいと思います。まず2つの貸借対照表は何が違うのかと言いますと、上が帳簿価格（簿価）ベースでの貸借対照表です。下がその貸借対照表を時価評価にしたものです。

　まず、簿価ベースの貸借対照表は、営業資産が1,000、非事業資産が100、営業負債が300、有利子負債300、株主資本500となっております。貸借対照表の左側を見ていただきますと、簿価ベースの事業価値は700となっております。事業価値というのは「営業資産－営業負債」ですので、(1,000－300)で700です。また非事業用資産は100ですので、簿価ベースの企業価値は800となります。

　そこで果たして簿価ベースの貸借対照表はその会社の企業価値を正確に表しているのかと言いますと、表している

とも言えるのですが、日本の会計基準によりますと事業用資産は建物でしたらその建物を購入した時の値段、いわゆる取得原価主義という考え方によって成り立っています。ですので、貸借対照表では購入したときの値段が据え置かれているか、あるいは減価償却で規則的に償却していくかによって評価されますので、現時点での適切な評価がなされているとは言いにくいのです。「では、どうしたら良いだろう？」と言ったときに、貸借対照表にある資産を時価評価すれば、現在の価値が出るのではないかという考え方に結びつきます。

　それを表したものが、その下の時価評価の貸借対照表です。見ていただきますと、借方は営業資産1,000、のれん500、非事業資産100であり、貸方は営業負債300、有利子負債300、株主資本1,000となっております。ここで着目していただきたいのが借方です。上の簿価ベースの貸借対照表では事業価値が700でした。しかし時価ベースの貸借対照表によると事業価値は1,200となっております。この差は果たして何だろうかと言いますと、事業価値のＤＣＦによるものです。

〈ＤＣＦとは？〉

　ここで疑問に思うのは「ＤＣＦって何だろう？」ということです。ここから少しＤＣＦの説明に移っていきたいと思います。

　64ページの上から４行目をご覧ください。企業価値とは「事業価値のＤＣＦ（ディスカウンテッド・キャッシュ・フロー）＋非事業資産の価値」とあります。これが企業価値ということですが、「事業価値のＤＣＦって何だろうか？」ということで、ＤＣＦの説明に移っていきたいと思います。

　ＤＣＦ（ディスカウンテッド・キャッシュ・フロー）とは、日本語に訳しますと割引現在価値と言います。ＤＣＦとは収益資産の価値を測定する指標でして、その資産の価値は将来発生するであろうキャッシュ・フローを現在の価値に割り引いたものになります。

　ここで５年の事業計画を想定してください。ＤＣＦというのは将来生み出されるキャッシュ・フローの割引現在価

値のことですが、仮に想定された事業をA事業と名づけますと、A事業の現在の価値は、将来5年間で生み出すキャッシュ・フローの現在の価値、割引現在価値になります。具体的な計算方法ですけれども、毎期生じるキャッシュ・フローを20とした場合に、割引率というもので割り返した合計が現在の資産価値になります。

　ところでいきなり出てきた「割引率」ですが、これについてはご存じでしょうか？

　では、割引率について説明させていただきます。皆さんには貨幣の時間価値という概念を知っておいていただければと思います。

　では皆さん、ここで問題です。好きなほうを選んでください。私から皆さんに対して、今100万円差し上げます。これがプラン1です。もしくは、1年後あなたに100万円差し上げます。これがプラン2です。あなたはどちらを選択しますか？

何を話したかったのかと言いますと、貨幣、その他の資産もそうですが、今現在のものと将来のものを比べるには、時間価値という概念を知っておく必要があります。何かと言いますと、資産は運用できますので時点を合わせないと評価ができないということです。今の説明にありました100万円というのは、時点が今と1年後でずれていますので、金額的には同じですが厳密には比べることができません。時点を合わせなければいけないのですね。

　例えば利子を5％とした場合、今現在に合わせますと、1年後に100万円のものは1年間5％で運用した結果の100万円と言えます。ですから今現在の価値で言いますと、100万円より少し少ない金額になります。計算しますと(100÷1.05)で95.23万円になります。要するに今100万円もらうのと今95.23万円もらうのを比べていたということになります。95.23万円は預金しておくと利率は5％なのでちょうど100万円になります。そうしますと選択肢としてよりお得なのは「今100万円をもらうこと」ですね。これが貨幣の時間価値です。

この考え方がＤＣＦ法を考える上ではすごく大事な概念です。ここで毎期20のキャッシュ・フローを生み出すＡという事業があるとします。1年後に20の価値のものを現在に割り引く、2年後に20の価値のものは2年運用した結果20なので、それを割り戻す。3年後、4年後、5年後、というようにやっていくのがＤＣＦ法の考え方です。

　また、ＤＣＦ法の考え方を基にしている手法に2種類ございます。それが①ＮＰＶ法、②ＩＲＲ法です。日本語に訳しますと、ＮＰＶ法は正味現在価値法、ＩＲＲ法は内部収益率法です。本日の講義ではＮＰＶ法をメインに説明させていただきます。

　以上がＤＣＦの説明ですね。少し本線からずれましたのでテキストに戻りたいと思います。

〈ＮＰＶとは？〉

　64ページの上から5行目の「事業のＮＰＶ＋非事業資産の価値」が結果として企業価値になるのですが、「事業のＮ

ＰＶ」に注釈をつけております。ページ下部の注釈をご確認ください。こちらを読み上げます。「ＮＰＶ (Net Present Value)＝事業から得られるキャッシュ・フローを、加重平均資本コストで割り引いた数値」とあります。加重平均資本コストについては次のページ以降で説明させていただきますので、今はＮＰＶに限った説明をさせてください。

それではＮＰＶ法の説明をしたいと思います。皆さん、お手元にあります補足資料『投資プロジェクトの評価』をご覧ください。

こちら、何が書いてあるのかと言いますと、ＮＰＶ法の具体的な計算が書かれております。こちらの表の左側から説明させていただきますと、上から設備投資、減価償却費、当期利益、キャッシュ・フロー、現在価値の計算、最後にＮＰＶの計算となっております。当期利益とキャッシュ・フロー、ＮＰＶの計算に関しましては、投資案件１、２毎の数値を掲載しております。

ここで示しましたのは、まず投資案件１で説明しますと、

期初の投資額が100となっております。これはキャッシュが出て行きますのでマイナスになります。キャッシュ・アウトフローですね。上から6段目のキャッシュ・フローの行をご覧ください。投資案件1については、1年目0、2年目20、3年目30、4年目40、5年目50となっております。投資案件2のキャッシュ・フローにつきましては、1年目が20、2年目から5年目が30となっております。

　ここからＮＰＶの計算ですが、まずＮＰＶの定義をテキストで確認していただきますと、「事業から得られるキャッシュ・フローを加重平均資本コスト——今回は割引率10％ですね——で割り引いた数値」です。それでは投資案件1から説明いたします。1年目の0を現在の価値へ、2年目の20を現在の価値へ、これを3、4、5と現在の価値を出していきます。今回、割引率は10％ですので、毎年割り引いていきますと、1年目0は0ですね。2年目20は（20÷1.1÷1.1）で16.53になります。3年目30は（30÷1.1÷1.1÷1.1）という式になります。このやり方で1年目から5年目までの合計を出しますと、将来キャッシュ・フローの割引現在価値は97.44となります。

これは何かと言いますと、期初に時点を合わせて計算しております。100億円の投資に対して、将来のキャッシュ・フローを現在で割り引いたものは97.44です。つまり100億円の投資に対して97.44億円の価値しか生まないということです。よってＮＰＶは－2.56（97.44－100）ですので、2.56億円のマイナスとなります。

　一方投資案件2についても説明致します。1年目から5年目までの将来キャッシュ・フローを現在の価値に割り戻し合計すると104.63になります。つまり現時点で100億円の投資に対して将来のキャッシュ・フローの割引現在価値が104.63億円、正味4.63億円の価値を創出する事業と言えます。

　ではそちらの前から2列目の方、ここで問題です。投資案件1と2ではどちらを採用したいと思いますか？

　「*2です*」理由は？「*お得だからです。1だと損になってしまうので、2のほうがお得だと思いました*」

そうですね。価値を生み出していますので、2の案を選択するのが妥当だと思います。

では63ページに戻っていただきまして、ページ下部の時価ベースの貸借対照表、こちらの事業価値のDCFについて、簿価ベースの事業価値を時価評価すると1,200万円だということが分かります。そこで時価ベースの企業価値の話に戻りますと、1,200万円と、非事業用資産の100万円を足し合わせたものになりますので1,300万円となります。1,300万円が今現在の会社を時価評価した場合の企業価値ということになります。

〈のれんとＥＶＡ〉

次に進みたいと思いますが、まだのれんとＥＶＡの説明をしておりませんので簡単に説明させていただきます。

のれんというのは簿価ベースでの事業を時価で買い取った場合にその差額となるもののことですが、一般的に超過収益力の源泉と言われます。例えば他の会社にはない営業

力や、金銭的に評価できないものがのれんの意味するところです。

64ページ中段の「※参考」に記載しておりますＥＶＡにつきましてはＮＰＶとの対比で覚えてほしいのですが、記載のとおり「単年度の指標としてのＥＶＡ（ＮＰＶは複数年を考慮できる測定指標）」とあります。先ほど補足資料『投資プロジェクトの評価』でＮＰＶの説明をいたしましたが、このように５年など複数年度での収益性を測っています。ただＮＰＶでは単年度で測れませんので、ここに対応したのがＥＶＡです。ＥＶＡもＤＣＦ法の考えを基にしていますので、覚えていただきたいのは投資案が５年あるとした場合、ＮＰＶとＥＶＡの総和は一緒になるということです。これだけ覚えていただけると有効かと思います。

第3章　資本コストとは

65ページをご覧ください。資本コストについてですが、先ほどのＮＰＶのところでもありましたように、ＮＰＶは将来キャッシュ・フローを加重平均資本コストで割り引いたものです。タイトルを読み上げます。「資本コストについて考えてみましょう。負債と株主資本にかかるコストとは何でしょう？」とありますが、まずその下の①の負債にかかるコストから見ていきましょう。負債にかかるコストというのは、例えば銀行借入でしたら支払利息が利子率になります。

　続いて②の株主資本にかかるコストについて見ていきましょう。これは株主資本ですね。株主側から見ると「株主にとっての利益＝株価の上昇率」ですから、例えば株式を1,000円で買ったとし、それが市場で値上がりして1,500円になれば、500円分が上昇率になり株主の利益になります。株主の利益は会社から見ればコストに当たります。これは配当について考えていただくと分かりやすいと思います。配当は社外に流れてしまい、会社にとってはキャッシュ・アウトフローになるのでコストと認識されます。以上が株主資本にかかるコストの説明です。

最後に③の加重平均資本コストについて見ていきましょう。その前に「加重平均資本コストって何だろうか」という話ですが、ある会社の貸借対照表を想定し、貸方を負債700、純資産300とします。負債側の利子率を5％と仮定いたしますと、毎期流出する資本調達コストは35（700×5％）になります。一方で株主資本コストですが、株価の上昇率と配当利回りを10％としますと、毎期30（300×10％）の資金調達コストが会社側から見てかかると言えます。

　そして③の加重平均資本コストですが、読み上げますと「負債と資本、両方を考慮した調達側全体のコスト」とあります。調達側というのは会社を指します。そこで負債と資本の両方を考慮しますと、資金調達コストに（35＋30で）65がかかっています。負債と株主資本を足すと1,000ですね。1,000のお金に対して65のコストがかかっていますので、6.5％の資金調達コストがかかっていると言えます。ここで6.5％と出てきましたが、簡単に言うとこれが加重平均資本コストになります。③の下に加重平均資本コストを定義づけたものがございます。「負債コスト×負債比率＋株主資本コスト×自己資本比率」ですね。

ここで負債比率と自己資本比率という言葉が新しく出てきましたが、簡単に説明いたしますと、負債比率というのは「負債＋純資産」（総資産）に対しての負債の比率のことです。先ほど加重平均資本コストについて説明をさせていただいた際の例でしたら1,000に対する700ですので、70％が負債比率になります。一方自己資本比率というのは、1,000という「負債＋純資産」（総資産）に対しての自己資本の比率のことです。同じ例でしたら全体の1,000に対して自己資本は300ですので30％になります。

　ここで先ほどの加重平均資本コストの説明に補足させていただきたいのですが、負債側については5％、株主資本については10％とさせていただきましたが、一般的に自己資本コストは負債コストよりも高めになります。この理由は何点かあるのですが、負債と自己資本を比べた場合によりリスクのあるほうが株式（株主資本）だからという理由になります。

　その理由について少し説明をさせていただきたいのですが、投資家について考えますと、リスク回避的な投資家が

一般的と言われます。リスク回避的な投資家というのは、図で考えますと縦軸にリスク、横軸にリターンを取ります。リスク回避的な投資家は、同じリターンであればリスクの少ないほうを選びます。逆に言えば、同じリスクであればよりリターンの高いほうを求めます。それを線にすると右肩上がりの直線になります。リスクが高いものに対してはより高いリターンを求めます。逆に、リスクの少ないものについては少ないリターンで満足する、これが投資家の基本と考えてください。

負債と株主資本の何が違うのかと言いますと、まず利息です。負債については、例えば銀行の借入を前提にすると、契約書で毎期銀行側に支払う利息は約定で決まっていますので、銀行からすれば毎期の利息はちゃんと受け取れます。ただ株主は会社が利益を創出しない限り配当を受け取れませんので、リスクの大きさから比べると株主のほうが高く、負債権者のほうが少ないと言えます。

また負債については借入の場合ですと返済期限がありますので、例えば100万円を銀行が貸したとしたら、返済期

日には会社はお金を返さなくてはいけない義務があります。ちゃんと返ってくるという点では、銀行側はメリットがありますが、株主にはそのような返済義務はありませんので、100万円投資したら戻ってこない可能性があります。これがリスクですね。リスクが高いのでより多くのリターンを欲します。そのため一般的に負債コストは株主資本コストより低いということになります。

〈演習〉

ではそれを踏まえて一緒に問題を解いていただきたいのですが、質問Ⅰをご覧ください。質問Ⅰ「資金の出し手から見て、"価格変動リスク・振れ幅"と求める"利回り"は、どちらが大きいですか？」という前提で、その下①から③まで見ていきましょう。

まず①の「一つの会社について、株式と貸付だとどちらか」という問題ですが、こちらの解答は「株式」ですね。株式は価格変動リスクもありますし、振れ幅も大きいです。一方で貸付金というのは契約で決まっていますので、価格

変動リスクがありません。元本は一緒ですし、利息も変わることはないです。

　続いてページをめくっていただいて②を見ていきましょう。「仮に将来の損益計画は同じとして、設立30年の東証一部上場会社と、設立中の会社ではどちらか」という問題ですが、答えは「設立中の会社」ですね。理由は、一方は設立30年かつ東証一部上場会社ということで、過年度の実績があります。ただもう一方の設立中の会社というのは、これからできる会社ですので実績があまりありません。どちらのほうのリスクが高いかと言いますと、設立中の会社のほうのリスクが高いと言えますので、より変動が大きいのは設立中の会社と言えます。

　最後に③を見ていきましょう。「仮にＧＤＰが同じとして、ギリシャの国債とオーストラリアの国債ではどちらか」という問題ですが、答えは「ギリシャの国債」です。この理由としましては、記憶にも新しいかと思いますが2010年にギリシャ危機が起こりました。何かと言いますとギリシャがデフォルトを起こしました。デフォルトというのは借り

たお金を返せないということなので、そういう意味で過去にデフォルトの実績があるということはリスクが高いと言えます。そのためより多くのリターンを投資家は欲するので、ギリシャ国債のほうの変動が大きいと言えます。

ではここまで資本コストについて考えてきましたが、まとめていきたいと思いますので67ページをご覧ください。縦軸に資本コスト、横軸に負債比率と記載しております。何かと言いますと、66ページの一番下にも書いておりますが、「結局、組み合わせになります。そこで、資本コストを最少化する最適資本構成を考える必要が出てきます」ということです。何かと言いますと、講義の前半で説明しました企業価値向上戦略の財務戦略につながってくるのですが、資本コストは安いに越したことはありません。ですから資本コストを最少化することが必要になります。それが企業価値の向上につながるからです。

ではどうすれば低くなるかと言いますと、グラフを見ていただけますでしょうか。一番下に負債コスト、2％から点線が伸びています。一方で一番上の点線ですね、株主資

本コストは10％から右肩上がりに伸びています。こちらは先ほど説明しましたとおり負債コストのほうが安く、株主資本コストのほうが若干高くなっています。理由も先ほどの説明どおりです。

　ですから会社としては安い負債コストを使うことと、高い株主資本コストを両立させていく必要があるということです。それが真ん中の加重平均資本コストの線になっております。負債比率0からスタートしておりまして、そこから負債比率60％で最適資本構成になっており、そこからだんだん負債比率が上昇することによって資本コストも上がっていきます。

　「負債コストのほうが安いから、負債を使ってしまえば良いのでは」という考え方はありますが、グラフを見ていただければ分かりますように負債比率が60％を超えると負債コスト、株主資本コスト、ともに右肩上がりになっております。これは何かと言いますと、先ほどの例にもありました銀行借入、返済義務のある負債を多く持つと、会社はお金が払えなくなる可能性があるので、倒産する可能性が

上がります。会社に投資している投資家は何を思うかと言いますと、会社が倒産するおそれ、つまりリスクを感じます。その場合多くのリターンを求めますので、負債を借り過ぎてもそれはそれでリスクというところで資本コストは上昇していきます。ですからほどよい負債の利用から最適資本構成を考えていく必要があります。

第4章 企業価値向上戦略とは

ここまでが企業価値を掘り下げた説明です。ここからは企業価値というものが分かりましたので、具体的な企業価値の向上の戦略について説明していきたいと思います。

　68ページをご覧ください。こちら企業価値向上戦略のための３つの戦略として、先ほど62ページにございました３つの戦略、事業戦略、投資戦略、財務戦略を再掲させていただいています。

〈演習〉

　では、皆さんに実践していただこうと思います。質問のⅠからⅢを用意いたしました。こちらを解答していただきたいのですが、質問のⅡ、Ⅲは、先ほどＮＰＶの計算で使用した表を使いながら解いてみてください。５分程時間を取ります。

〜５分〜

　それでは５分経ちましたので説明をさせていただきたい

と思います。

　では質問Ⅰ「ＮＰＶがマイナスとなった投資案件１は採用すべきですか？」という問題ですが、補足資料『投資プロジェクトの評価』のＮＰＶの計算内の投資案件１と合計が交わるところをご確認ください。ＮＰＶが－2.56となっております。先ほど説明しましたとおり、100億円の投資に対して合計で 97.44 の価値しか生み出していませんので、これでは価値を創造したとは言えません。ということでこちらは「採用すべきではない」というのが答えになります。これは３つの戦略のうち投資戦略の問題でして、投資判断の意思決定によって企業価値を増大させるかどうか決定いたします。例えばとある事業があり、これに投資すべきか否かというときに、数値的なものを使い将来のキャッシュ・フローを予測し、それを割り引くことで収益性が高いか低いかを判定します。それによって収益性が高いと判断すればそれは投資すべきですし、低いと判断すればそこへの投資はしないべきです。

　続いて質問Ⅱ「設例のうち、投資案件２について、２年

目～5年目まで当期利益を 10 から 15 に引き上げたら、ＮＰＶはいくらですか？」という問題ですが、実際補足資料『投資プロジェクトの評価』の投資案件 2 における、2 年目から 5 年目の利益を 10 から 15 に引き上げると、キャッシュ・フローは 30 から 35 になります。それを割引現在価値に割り引きますと、答えから申し上げますとキャッシュ・インフローの合計は 119.05 になります。そこから設備投資額 100 を引きますので、ＮＰＶとしては 19.05、こちらが解答となります。この問題は事業戦略の問題でして、事業の効率化によって企業価値を増大させる、投資を行わずに事業の収益性を上げることによって企業価値を増大させていこうという問題になります。

　最後に質問Ⅲ「設例のうち投資案件 2 について、割引率を 6％に引き下げたらＮＰＶはいくらですか？」という問題ですが、補足資料『投資プロジェクトの評価』の投資案件 2 において、この場合割引率が 10％であったものを 6％に引き下げます。毎年の割引を 1.1 から 1.06 に直して計算しますと、将来キャッシュ・フローの合計は 116.94 億円になります。そこから期初の設備投資額を引くと 16.94 です

ね。解答は 16.94 になります。これは財務戦略の問題でして、割引率、先ほどからの説明になりますと、加重平均資本コストを引き下げることによって企業価値が増大するという問題になります。

　質問Ⅲについては70ページの※印も見ていただけますでしょうか。「質問Ⅲについて重点的な検討。〜加重平均資本コストと事業価値のＤＣＦ〜」とありますが、これは何かと言いますと、下のグラフを見ていただきますと縦軸にカッコがあります。こちらに質問Ⅲの答えである 16.94 を記入していただけますでしょうか。これは何かと言いますと、元々割引率が 10%の問題を６％に引き下げることによって、価値が 4.63 から 16.94 に上がります。何を示したいのかと言いますと、ここでは加重平均資本コストを引き下げることによって企業価値は増加しますということを示しています。

第5章　財務戦略とは

最後の説明になりますが72ページを開いていただき、今説明いたしました財務戦略についてもう少し考えてみます。ここでは資本コストを引き下げるための施策を3つ挙げております。それぞれの施策は、73ページにありますグラフの矢印のどの方向を指すのか、というのを説明いたします。

　72ページ、☆印の資本コストを引き下げるための施策として、①「投資家・銀行からの情報開示について強い不満を出していた会社が、投資家向けのＩＲ、銀行向けの決算説明を徹底する」とありますが、これは投資家の心理を考えてほしいのですけれども、企業に対してお金を出していますと、決算がありますから「今年は利益が出ているのかな」と、とても心配になります。そこで決算の説明を徹底することによって、投資家の不安を抑えてあげます。リスクを抑えるとリターンはより少なくなりますので、73ページのグラフを見ていただきますと、加重平均資本コスト（負債権者と株主）のコストの線は、全体的に下回ることになります。ですから下向きの矢印になりますね。

　続いて施策②「自己資本比率の高い企業が、社債発行によ

って得た現金を持って、自己株式を取得する」とありますが、簡単に説明させていただきますと、自己資本比率80%と高い企業を想像してください。1,000のうち800が自己資本なので80%の企業が社債発行によって得た現金をもって自己株式を取得するとします。例えば100の社債を発行すると、負債は300に増えます。そのお金で自己株式を買い取ることになりますので、社債を100発行すると負債が200から300になり、その結果差額で自己資本が700になります。要するに自己資本比率が下がるということになりますね。自己資本比率が下がるというのは、株主資本コストは負債コストより高いですので、自己資本、株主資本を使う限り資本コストは元々高い状態です。それが負債を多く使ったことによって加重平均資本コストは低くなりますので、グラフでいうと皆さんのお手元から見て右向きの矢印になります。理由としましては自己資本比率が下がるからです。

最後③「自己資本比率の低い企業が、余剰資産売却で得た現金によって有利子負債を返済する」とありますが、これは自己資本比率が1,000のうち300なので30%、これが低いと仮定し、余剰資産、例えばいらない資産が200あっ

たとします。これを売却して負債の返済に充てます。そうしますと負債は200返済するので負債が500（700-200）になります。株主資本は変わりません。全体として800になるので負債の比率が下がったと言えます。よってこのグラフで言いますと、負債比率が高いと先ほど説明しましたとおり、負債は返済しないといけませんので、会社が倒産するリスクが高まって資本コストが上がってしまいます。それを余剰資産で負債を返済することによって倒産リスクを低くします。よってリターンも小さくなりますので、加重平均資本コストとしては全体的に低くなります。よってこの矢印によると皆様から見て右方向ですね、負債比率のほうから60％へいく矢印になります。理由は負債比率が下がるからです。

74ページは参考でつけさせていただきました。「企業が直接コントロールできる指標"ＲＯＥ"について」ですが、ＲＯＥというのは自己資本分の当期純利益、株主資本に限ったものですね。株主資本の収益性を上げることによって企業価値、貸借対照表の貸方を見た場合にここを上げることによって企業価値も上げようという説明になります。

今回こちらは省略させていただきますが、残っている補足資料の説明がございます。まず『投資プロジェクトの評価』の2つ目の資料がございます。こちらは借入、社債、株式、それぞれの資本コストの一例を挙げたものです。負債のメリット、デメリット、株式のメリット、デメリットが書いてありますので、ご参考までに一読していただければと思います。

（おわり）

巻末資料①（テキスト）

コーポレートファイナンスと企業価値向上戦略

イーエスマネジメントクラブ

【目次】

Ⅰ 企業価値とは何でしょう？
　コーポレートファイナンスとは何でしょう？・・・・・・・・・・・60

Ⅱ 企業価値をもう少し考えてみましょう・・・・・・・・・・・・・・・・・・63

Ⅲ 資本コストについて考えてみましょう・・・・・・・・・・・・・・・・・・65

Ⅳ 企業価値向上のための3つの戦略について・・・・・・・・・・・・68

Ⅴ 特に財務戦略について考えてみましょう・・・・・・・・・・・・・72

Ⅰ 企業価値とは何でしょう？
　コーポレートファイナンスとは何でしょう？

コーポレートファイナンスの目的は何でしょう？

> 企業の資金の調達と運用・投資を合理的な基準で行い、企業価値を最大化すること。

そして企業価値とは何でしょう？ ＢＳに注目しましょう。

> **企業価値＝負債の価値＋株主資本の価値**
> 　　：貸借対照表の右側に着目

> **企業価値＝事業価値＋非事業用資産の価値**
> 　　：貸借対照表の左側に着目

ＢＳについてあらためて基本（＝きわめて重要）を確認しましょう。
貸借対照表の右側が調達であり、貸借対照表の左側が運用・投資である。
以上を単純化すると次の通りとなります。

貸借対照表

```
                    運用・投資      調達
┌──────────┐   ┌──────────┬──────────┐   ┌──────────┐
│事業運営・遊│   │          │有利子負債│   │資本の提供│
│休資産から得│ → │事業用資産├──────────┤ → │者に払うべ│
│られる収益  │   │非事業資産│株主資本  │   │きコスト  │
└──────────┘   └──────────┴──────────┘   └──────────┘
```

以上、BSの本質的な意味を確認したうえで企業価値について換言するとこうなります。

> 企業価値 ＝ 負債と株主資本にかかるコストを勘案した後、その企業が将来生み出すキャッシュ・フローの合計
>
> ＝ ｜事業から得られる収益｜ － ｜負債・株主資本の提供者に払うべきコスト｜

では、企業価値はどうしたら向上するのでしょうか？
着眼点は大きく2つ（事業面と調達面）、さらに事業面は事業戦略と投資戦略に分かれます。

1　資本投下はせずに（負債・株主資本を増やさずに）事業から将来得られる収益を増やす。	→ 事業戦略
2　資本コストを上回る収益を挙げる事業に資本投下する。 　　資本コストを下回る収益しか挙げない事業から資本を引き上げる。	→ 投資戦略
3　資本コストを引き下げる。	→ 財務戦略

Ⅱ 企業価値をもう少し考えてみましょう

☆企業価値とは？（再掲）

> **企業価値＝負債の価値＋株主資本の価値**
> ：貸借対照表の右側に着目

> **企業価値＝事業価値＋非事業用資産の価値**
> ：貸借対照表の左側に着目

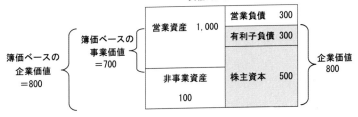

☆企業価値最大化のため、現在地を確認し目標地点を設定するための測定指標が必要です

企業価値＝事業価値＋非事業用資産の価値
　　　　＝事業価値のＤＣＦ[1]＋非事業資産の価値
　　　　＝事業のＮＰＶ[2]＋非事業資産の価値

※参考　単年度の指標　ＥＶＡ
　　　　（cf　ＮＰＶは複数年を考慮できる測定指標）
・ＥＶＡ＝事業から得られる収益 － 資本の提供者に払うべきコスト

　　　＝ 支払利息の支払前の税引後利益 [3]－ 投下資本 × 加重平均資本コスト

---

[1] ディスカウンテッド・キャッシュ・フローの略
[2] ＮＰＶ（Net Present Value）
　＝事業から得られるキャッシュ・フローを、加重平均資本コストで割り引いた数値
[3] 相当に単純化すれば、営業利益－税金。資本提供者である債権者・株主に対するコストを考慮していない利益のこと。

Ⅲ 資本コストについて考えてみましょう

☆負債と株主資本にかかるコストとは何でしょう？

①負債にかかるコスト

利子率 / 負債の資本コスト

②株主資本にかかるコスト

株価の上昇率、配当利回り / 株主資本コスト

③加重平均資本コスト

（負債と資本、両方を考慮した）調達側全体のコスト

加重平均資本コスト
　　＝負債コスト×負債比率＋株主資本コスト×自己資本比率

質問Ⅰ　資金の出し手からみて、"価格変動リスク・振れ幅"と求める"利回り"は、どちらが大きいですか？

①　一つの会社について
　　・・・株式　ｖｓ　貸付

　回答＿＿＿＿＿＿＿＿＿　理由＿＿＿＿＿＿＿＿＿＿＿＿

② 仮に将来の損益計画は同じとして
　　・・・設立 30 年の東証一部上場会社　ｖｓ　設立中の会社

　回答＿＿＿＿＿＿＿＿＿＿　理由＿＿＿＿＿＿＿＿＿＿

③ 仮にＧＤＰが同じとして（通貨の変動を考慮外として）
　　・・・ギリシャの国債　ｖｓ　オーストラリアの国債

　回答＿＿＿＿＿＿＿＿＿＿　理由＿＿＿＿＿＿＿＿＿＿

結局、組み合わせになります。そこで資本コストを最小化する"最適資本構成"を考える必要が出てきます。

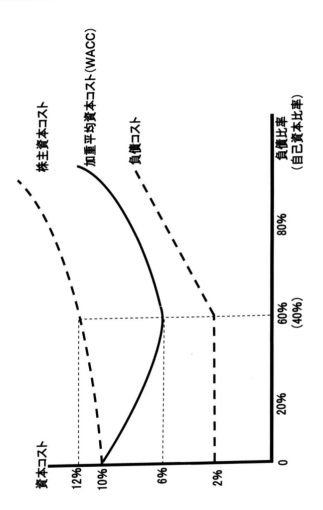

Ⅳ 企業価値向上のための3つの戦略について

(再掲)

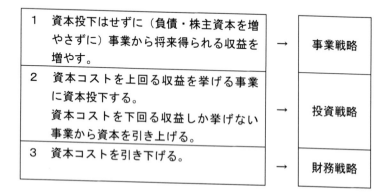

質問Ⅰ (投資戦略の問題。投資判断の意思決定によって企業価値を増大させる。)

NPVがマイナスとなった投資案件1は、採用すべきですか?

回答

質問Ⅱ（事業戦略の問題。事業の効率化によって企業価値を増大させる。）
設例のうち投資案件2について、2年目〜5年目までの当期利益を10→15に引き上げたら、ＮＰＶはいくらですか？

　　回答　　　　　　　　　　

質問Ⅲ（財務戦略の問題。割引率の引き下げによって企業価値を増大させる。）
設例のうち投資案件2について、割引率を6%に引下げたら、ＮＰＶはいくらですか？

　　回答

※ 質問Ⅲについての重点的な検討
～加重平均資本コストと事業価値のDCF～

資本コスト

- 株主資本コスト
- 加重平均資本コスト(WACC)
- 負債コスト

12%
10%
6%
2%

0   20%   60%   80%   負債比率
           (40%)   (自己資本比率)

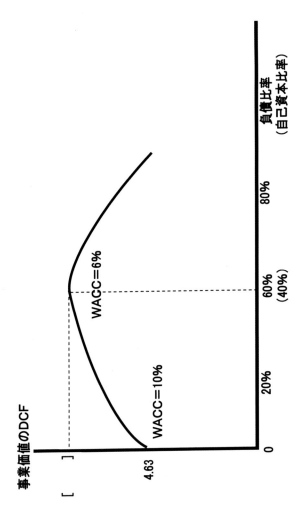

V 特に財務戦略について考えてみましょう

（ここでいう財務戦略とは、如何にして資本コストを下げるのか？です）

☆資本コストを引き下げるための施策

①投資家・銀行から情報開示について強い不満の出ていた会社が、投資家向けのＩＲ、銀行向けの決算説明を徹底する。

②自己資本比率の高い企業が、社債発行によって得た現金を持って、自己株式を取得する。（リキャップＣＢ）

③自己資本比率の低い企業が、余剰資産売却で得た現金によって、有利子負債を返済する。

☆質問Ⅰ

上記①～③は、どの矢印に該当しますか？

① _____ 理由 _____

② _____ 理由 _____

③ _____ 理由 _____

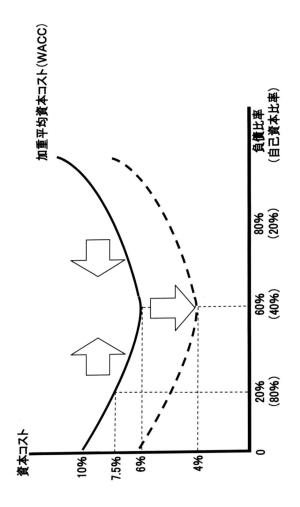

※　ご参考　企業が直接コントロールできる指標"ＲＯＥ"について

企業価値＝株主価値（時価総額）＋有利子負債
→時価総額、株価を上げていく。

☆基本の算式

$$ROE = \frac{当期純利益}{自己資本}$$

$$= \frac{配当 + 内部留保}{自己資本}$$

$$= \frac{配当}{自己資本}$$
（配当性向100％）

$$= \frac{内部留保}{自己資本}$$
（内部留保100％）

☆内部留保100％であって、ＰＢＲが一定ならば、株価上昇率↑
＝ＲＯＥ↑

・ＰＢＲ＝ $\dfrac{株価}{一株当り自己資本}$

株　価↑＝ＰＢＲ×一株当り自己資本↑

☆配当性向100％であって、ＰＢＲが一定ならば、配当利回り↑
＝ＲＯＥ↑

$$配当利回り = \dfrac{配当}{株価}$$

$$= \dfrac{1株あたり当期利益}{株価}$$

$$= \dfrac{1株あたり当期利益}{ＰＢＲ×一株当り自己資本}$$

$$= ＲＯＥ ÷ ＰＢＲ$$

☆結論

※結局、ＲＯＥの向上は、株式のリターン（配当利回りと株価上昇率）向上につながる。

※ＲＯＥは、企業が自らの意思で直接コントロールできる、目標に出来る指標。

巻末資料②（投資プロジェクトの評価）

投資プロジェクトの評価

(単位：億円)

	期初	1年目	2年目	3年目	4年目	5年目	合計
設備投資	100	—	—	—	—	—	100
減価償却費	—	20	20	20	20	20	100
当期利益							
投資案件1	—	-20	0	10	20	30	40
投資案件2	—	0	10	10	10	10	40
キャッシュ・フロー							
投資案件1	-100	0	20	30	40	50	40
投資案件2	-100	20	30	30	30	30	40
現在価値の計算（割引率10%）		$(CF/1.10)$	$(CF/1.10^2)$	$(CF/1.10^3)$	$(CF/1.10^4)$	$(CF/1.10^5)$	
NPVの計算　投資案件1	-100	0	16.53	22.54	27.32	31.05	-2.56
投資案件2	-100	18.18	24.79	22.54	20.49	18.63	4.63

前提：減価償却は定額法による。減価償却費以外の収益・費用とキャッシュ・フローは一致しているものと仮定する。

78

	種類	期間	コスト	メリット	デメリット	用途
借入	相対	当座借入	短期	0.5%～3%	コストが安い	引き上げられやすい 長期資金には使いにくい	運転資金
		手形借入	短期	0.5%～3%	コストが安い	期日に一括返済・折り返しが出ないとつまりやすい	運転資金
		証書借入	短期	0.5%～10%		約定弁済があるので使いにくい M&Aのつなぎ資金	賞与・納税資金
		証書借入	長期	1.5%～8%			
		コミットメントライン	短期	0.5%～3%	一契約で、大きい金額を取りやすい	コベナンツ(財務制限条項)がつく	
	シンジケート	長期借入	長期		一契約で、大きい金額を取りやすい	コベナンツ(財務制限条項)がつく	
社債		普通社債(私募)	長期	2%～10%	長期安定資金	銀行との相対型、証券との相対型、法人間の相対型5%を超えるものはいわゆるジャンク扱い 償還時の資金準備が大変になる	
		普通社債(公募)	長期	2%～10%	長期安定資金	格付けがなければ、一般的に発行は困難 償還時の資金準備が大変になる	
		転換社債(私募)	長期	0%～10%	長期安定資金	未公開会社が発行することが多い	
		転換社債(公募)	長期	-2%～10%	長期安定資金	転換されないと、償還時に資金手当が大変	
		転換社債(MSCB)	長期	-2%～0%	長期安定資金	イメージ悪い LD以降	
		新株予約権	長期		長期安定資金	行使されなければ、資金化されない	
		第三者割当増資	長期		長期安定資金	ダイリューションによる、既存株主の不利益	
株式		公募増資	長期		長期安定資金	ダイリューションによる、既存株主の不利益	
		種類株(優先株・劣後株)	長期	5%～15%	長期安定資金 ダイリューションなし	コスト高い 配当は損金算入不可	

79

イーエスマネジメントクラブ　ブック3
コーポレートファイナンスと企業価値向上戦略

2015年1月13日　初版発行

著 者　菅沼　俊介

定価（本体価格1,000円+税）

発行所　株式会社　三恵社
〒462-0056　愛知県名古屋市北区中丸町2-24-1
TEL 052(915)5211
FAX 052(915)5019
URL http://www.sankeisha.com

乱丁・落丁の場合はお取替えいたします。

©2014 Shunsuke Suganuma

ISBN978-4-86487-317-8 C2034 ¥1000E